AF500480

RÉFLEXIONS SUR L'ANGLETERRE;

PAR J. CHAS.

Brochure de 64 *pages in*-8°. Prix 1 fr. 25 cent.; franc de port, 1 fr. 50 cent.

A PARIS, rue Croix-des-Petits-Champs, n°. 33; et chez les Marchands de Nouveautés.

An XII

RÉFLEXIONS

SUR

L'ANGLETERRE;

PAR M. J. CHAS.

An XII

RÉFLEXIONS

SUR

L'ANGLETERRE.

La Grande-Bretagne a été un théâtre sanglant et perpétuel de guerres, de meurtres et de factions intestines. La Noblesse a été exterminée dans les combats; les Magistrats ont été égorgés par le glaive de la loi; les villes et les campagnes ont été inondées de flots de sang; la superstition religieuse a exercé ses vengeances, et le fanatisme politique ses fureurs. Les autels ont été renversés, et une religion bizare et absurde s'est élevée sur les débris du catholicisme. C'est dans des siècles d'ignorance, dans des temps d'esclavage et d'oppression, c'est au milieu des crimes de la féodalité, et des attentats du fanatisme qu'on a vu ces révolutions anarchiques qui ont si souvent ensanglanté le trône, renversé les dynasties des Rois, détruit la liberté publique, et ont conduit le Peuple à l'esclavage et à la rebellion.

La Nation Anglaise conquise par les Saxons, les Danois et les Normands, s'est toujours prosternée devant ses oppresseurs; elle a été avilie sous la domination de ses conquérans; malheureuse sous les Rois de la race de Plantagenet, esclave et tremblante sous la dynastie de Tudor, factieuse sous les Princes de la famille de Stuards; sous les Rois de la maison de Brunswich, elle est parvenue au dernier degré de corruption. Cette Nation étoit plus libre et plus juste sous les règnes des trois premières races; au milieu des factions et des guerres civiles, elle montroit quelques vertus; c'étoit un assemblage d'héroïsme et de perfidie, de courage et de férocité, de religion et d'immoralité, d'orgueil et de bassesse, d'actions sublimes et bizares; mais aujourd'hui cette Nation, dégradée par ses vices, avilie par son Gouvernement voit sans effroi l'accroissement de la tyrannie, et se réjouit au milieu des fers qui l'accablent. Comme toutes les choses humaines ont une fin, dit Montesquieu, l'Angleterre perdra sa liberté; Rome, Lacédémone, Carthage ont bien péri : elle périra lorsque la puissance législative sera plus corrompue que la puissance exécutive; cette époque fixée par le législateur des Nations est enfin arrivée. Cette prophétie politique va s'accomplir; la corruption érigée en système a perverti les consciences, dégradé les conceptions, détruit les vertus publiques, et a substitué à l'amour de la patrie et de la liberté, cette soif insatiable de l'or, et cette avidité des honneurs et des dignités qui changent la nature de l'homme, et lui donnent les vices et la bassesse d'un esclave. Les Représentans du Peuple Anglais achètent à prix d'argent, le droit d'être élus aux assemblées nationales; les uns deviennent des courtisans et des favoris occupés à entourer le trône et à flatter les Rois, pour obtenir les honneurs du ministère ou la dignité de la pairie : les autres se déclarent les ennemis de l'autorité royale, et les dénonciateurs perpétuels des Ministres, pour acquérir cette célébrité que l'enthousiasme donne aux vertus républicaines, et quelquefois à l'hypocrisie politique; dévorés par l'ambition, ils veulent fixer les regards et surprendre l'admiration de l'Angleterre, en développant un grand caractère d'opposition pour forcer la cour à leur confier l'administration des affaires publiques. Lorsqu'ils sont parvenus au faîte des grandeurs et des richesses, ils abandonnent leurs anciens principes, et ces Caméléons politiques deviennent les fauteurs du despotisme qu'ils affectoient de combattre. Un Etat est arrivé à son dernier degré de corruption, qui est l'avant-coureur de sa chûte, lorsque les Représentans d'une Nation vendent leurs consciences, sacrifient les droits de la liberté publique, et brisent tous les liens de la morale pour satisfaire leur haine et leur ambition.

Cette Chambre des Communes, destinée à balancer et à cimenter à la fois l'autorité du Prince et des Grands et les privilèges du Peuple, est devenue aujourd'hui un centre d'immoralité dont le

Gouvernement se sert pour étendre les prérogatives royales, et pour asservir la Nation dont elle trahit la cause, et dont elle sacrifie les droits avec autant de scandale que d'impunité. Cette Chambre des Communes servilement attachée au Gouvernement, consacre tour à tour l'assassinat, l'usurpation et la servitude; factieuse sous des Princes foibles, esclave sous des Monarques fermes, elle a brisé le pacte social et fomenté des guerres civiles, qui pendant soixante ans ont ravagé et inondé de sang les villes et les provinces; cette Chambre des Communes doit être odieuse à la Nation Anglaise, à l'Europe, à l'humanité; elle est complice des crimes de ce Gouvernement, qui pervertit les mœurs publiques, s'empare du commerce des autres puissances et usurpe l'empire maritime.

La Constitution anglaise devient l'objet de l'admiration et des éloges de quelques publicistes; des hommes qui se livroient à l'étude du droit naturel dans les diverses monarchies de l'Europe, entourés chez eux du spectacle de l'esclavage, crurent voir dans les îles britanniques la retraite fortunée où la Liberté s'étoit réfugiée. Montesquieu en fit l'éloge, et son génie, qui se fit illusion à lui-même, subjugua les philosophes et les politiques. Sans doute cette Constitution fut quelque chose de sublime pour le temps des ténèbres et d'esclavage qui la virent naître; lorsque le despotisme subjuguoit les peuples, le plus léger effort pour s'en affranchir étoit une entreprise hardie et glorieuse : c'étoit l'aurore de la liberté qui devoit éclairer et purifier l'horizon politique; mais les orages ont obscurci cette horizon; ils ont produit la foudre qui a détruit les moissons et désolé les campagnes. Sans doute cette Constitution dans sa pureté primitive pouvoit balancer les pouvoirs et affermir les droits de la liberté publique; mais fait-elle aujourd'hui la félicité de la Nation, et lui donne-t-elle le sentiment de son indépendance et l'amour des vertus publiques! A quoi sert d'admirer une Constitution destinée à conduire le Peuple à la liberté, lorsqu'un Gouvernement corrupteur l'enchaîne à la servitude; il n'y a point de Constitution pour une Nation avilie; il n'en existe point, lorsqu'un Gouvernement peut impunément violer les lois fondamentales de l'Etat.

L'Anglais, par une heureuse magie, se croit libre; il a renversé la tyrannie de ses Rois, et détruit la féodalité; mais pourquoi faut-il qu'il soit esclave et malheureux; pourquoi faut-il que son Code Civil soit un mélange de confusion et d'injustice, né des institutions des Sauvages et de la féodalité anarchique? Ce Code de Jurisprudence renferme des principes destructifs de la liberté, et outrage tout à la fois la justice et la liberté. L'Angleterre, qui a créé les Bacon, les Locke, les Newton, n'a pas encore changé sa Législation civile. Le Gouvernement craint-il donc d'éclairer et de consoler le Peuple? ou veut-il l'accoutumer à supporter patiemment les fers de l'esclavage?

« Le Peuple Anglais pense être libre, dit l'au-
» teur du Contrat-Social ; il se trompe fort, il ne
» l'est que durant l'élection des membres du Parle-
» ment ; sitôt qu'ils sont élus, il est esclave ; il n'est
» rien dans les courts momens de sa liberté ; l'u-
» sage qu'il en fait mérite bien qu'il la perde ».
L'Anglais n'est pas même libre durant l'élection des membres du Parlement ; il vend sa liberté et ses suffrages au poids de l'or ; là où la corruption commence, là expire la liberté. Il est juste que cette multitude corrompue reçoive le prix de sa bassesse et de sa lâcheté.

Cet état de violence et de despotisme qui force un Citoyen paisible de servir sur les escadres britanniques ; cette fiscalité inquisitoriale qui, au moindre soupçon, ordonne à tous les satellites d'aller violer les asiles et de pénétrer dans les secrets des familles ; cette proclamation de la loi martiale lorsque le Gouvernement entend le cri de la liberté, et la voix plaintive des opprimés ; ces entraves qui gênent le commerce ; cette intolérance religieuse ; ces corporations dangereuses ; ces Parlemens vendus aux caprices de la Cour et aux volontés des Ministres ; cette multiplicité d'emprunts et des taxes ; cette progression nouvelle des capitaux ; cette facilité à augmenter la dette nationale ; cette confiance dans une circulation immense du papier-monnoie ; ce défaut dans la représentation du Peuple ; ce vice dans le choix des suffrages ; cette irrégularité dans les élections ;

cette rigueur dans les lois pénales ; ces combats des prérogatives royales et de la liberté publique, où le Prince, dans son triomphe, étend et multiplie ses usurpations ; cette opposition qui règne entre les lois constitutives et les lois d'administration ; cette réunion du pouvoir législatif au pouvoir judiciaire ; ce droit exclusif de la Chambre des Pairs de juger les crimes de lèze-nation ; cette magistrature suprême devenue héréditaire et perpétuelle ; tous ces abus et toutes ces violations des formes du droit public, montrent tout ensemble les imperfections de la Constitution britannique, les vices du Gouvernement et l'esclavage du Peuple.

Au milieu de cette fluctuation de pouvoir et de liberté, la Nation oublie et méconnaît ce pacte primordial, qu'elle a proclamé avec tant de solemnité. Oui! elle devient esclave, en croyant conserver son indépendance et son orgueil! quelle est cette liberté qui détruit les lois de la conscience, et produit l'immoralité et la corruption? Quelle est cette liberté, que des constituants avides confient à des mandataires qui ont acheté les suffrages d'une multitude qui se vend à prix d'argent ? Le Roi peut faire du congrès, qui représente la Nation, l'organe de sa volonté, et l'instrument de son despotisme ; il peut détruire la liberté publique ; il peut opprimer le Peuple, sans craindre les lois qui limitent sa puissance et ses droits ; si on ne voit point dans la Grande-Bretagne le despotisme légal, on y apperçoit la corruption ministérielle, agent plus dangereux et plus redoutable que l'autorité absolue du Monarque ; puisque le Peuple Anglais respecte, dans son Roi, le droit qu'il a de le corrompre. Le despotisme, par ses propres excès, s'épuise et s'anéantit ; et sur ses ruines, naît et s'élève l'auguste édifice de la liberté publique ; mais lorsque le Gouvernement applaudit et sanctionne la corruption, alors il se prépare, dans le sein de l'Etat, une révolution terrible, qui doit conduire le peuple à l'anarchie et à l'esclavage.

Le Roi élit les membres de la Chambre des Pairs : ce Sénat aristocratique et perpétuel ne représente pas la Nation ; et cependant, par une subversion scandaleuse des principes du contrat social, il partage la puissance législative avec des coopérateurs amovibles et passagers, mais nommés par le peuple, les pairs étrangers, pour ainsi dire, dans le sein de l'Etat, attachés par intérêt, par ambition, par reconnaissance au Monarque, peuvent, de concert avec le Gouvernement, détruire ces lois fondamentales qui balancent les pouvoirs, et s'opposent aux excès du despotisme et aux attentats de la démocratie. Une Nation n'est pas libre, lorsque ceux qui exercent la puissance législative, ne reçoivent point leur autorité et leur mission du peuple. Les dignités héréditaires ont été instituées par le régime féodal, et dans un temps d'ignorance et de servitude ; elles ne doivent point être transmises comme un patrimoine ; la distinction doit être personnelle, et le fils ne doit succéder aux dignités du père, que lorsqu'il imite ses actions, et qu'il travaille, comme lui, au bien de l'Etat, et à la prospérité de la Patrie. L'hérédité dans les honneurs, observe un écrivain estimable, est une prédestination politique, aussi absurde que la fatalité mahométane : recompenser d'avance pour un mérite qu'on n'aura peut-être jamais ; donner à des abstractions, ce qui n'est dû qu'à la réalité; attribuer au sang et à la descendance, ce qui n'appartient qu'aux actions; étendre par une prodigalité insensée, les moyens que l'intrigue et l'ambition mettent en usage pour usurper des noms, des honneurs et des dignités; voilà une subversion d'ordre et de principes, ouvrage de la féodalité et de la corruption.

Ce fut sous le règne de Guillaume III, que le Gouvernement Anglais commença à contracter ces dettes énormes, qu'il appelle aujourd'hui ses fonds, et dont la masse effraie les calculateurs financiers, et les politiques éclairés. Il fallut à Guillaume, des trésors pour repousser les forces de la France; et ce fut pour seconder l'ambition, et pour satisfaire la haine de ce prince, que le parlement eut recours à cette voie dangereuse des emprunts, qu'on peut appeler *l'art d'opprimer les générations futures;* art qui tend à détruire l'agriculture, l'industrie, à introduire dans toutes les classes des citoyens, l'égoïsme et l'indifférence pour l'humanité, à produire un agiôtage scandaleux, et un systême d'immoralité bien propres à éteindre les vertus publiques. Le temps et les lumières ont donnés plus de vigueur et de consistance à ces principes de dépravation, sur lesquels repose cet édifice financier. Cette facilité d'emprunter a brisé les ressorts de la constitution britannique, a opprimé son commerce, a détruit son territoire et ses villes, a épouvanté le luxe lui-même par les droits multipliés de la fiscalité. C'est depuis cette époque, dit un philosophe, que l'esprit de conquête a pris une nouvelle forme, et que les Rois, plus jaloux de reculer les bornes de leurs domaines, que de rendre leurs peuples libres et heureux, se sont ruinés a l'envi, et ont dépeuplé leurs propres Etats, pour règner sur de nouveaux déserts; on ouvrît un bureau, où les porteurs du numéraire recevoient pour équivalent des billets d'état, qui produisoient quarante-cinq, et jusqu'à cinquante pour cent; opération qui causa, dans les fortunes des particuliers, la même révolution qu'apporta en France le systême de Law, avec cette différence, cependant, qu'en Angleterre les fonds existent encore, et forment aujourd'hui une portion des richesses fictives de la Nation; quoique le prodigieux accroissement de cette dette semble prouver le crédit de la Grande-Bretagne, on ne peut se dissimuler que les contributions annuelles, destinées à payer les intérêts, ne soient inférieures à ses forces. La plus légère erreur, la moindre défiance sur les principes, et la base de son crédit, peuvent bouleverser l'Etat, et le conduire à sa dissolution. L'Angleterre n'est pas assez riche, pour payer le capital de sa dette immense; le produit de la vente de son territôire et de ses domaines, ne pourroit point fournir au remboursement des créanciers de l'Etat. Les emprunts nécessitent les impôts, et les impôts multipliés produisent les murmures et les insurrections des Peuples, et préparent ces révolutions qui ébranlent les Empires, et renversent les Trônes.

L'établissement des fonds publics, sur le crédit national, dit Bolinbroke, a causé plus de maux que les taxes elles-mêmes, non-seulement en augmentant les moyens de corruption et le pouvoir de la couronne; mais encore sur les effets qu'il a produits sur l'esprit de la Nation, sur les mœurs et sur la morale; on ne peut voir, sans la plus vive douleur, les conséquences inévitables de cet établissement, ni regarder sans indignation ce mystère d'iniquité auquel il a donné naissance, et qu'il a soutenu pendant plus d'un siècle; quand on considère l'avenir, on est rempli d'horreurs des suites qu'il peut avoir. On dit, observe Hume, que pour augmenter le commerce, et multiplier les richesses, le moyen le plus assuré est de créer des fonds, de faire des dettes, et de mettre des taxes sans bornes. Il faut mettre cette maxime au rang de l'éloge de la folie, de la fièvre, et du panégyrique de Néron et de Busiris. L'effet des papiers publics, ajoute le même auteur, est d'attirer beaucoup de monde dans la capitale, et de rendre désertes les provinces; ils bannissent l'or et l'argent du commerce, et par ce moyen vendent les provisions et le travail plus cher qu'ils ne le seroient autrement; ils nécessitent de nouvelles taxes, sans lesquelles on ne pourroit soutenir le crédit du papier; et par-là, on opprime le peuple. Les étrangers possèdent une partie de ce papier, le public devient leur tributaire; enfin le papier, étant toujours dans les mains des gens paresseux, qui vivent sur leurs revenus, est un encouragement pour la vie oisive et inutile.

Les dettes publiques, continue Hume, sont semblables à ces vers rongeurs, dont les ravages secrets dans un corps, absorbent enfin sa substance. L'imagination la plus propre à se flatter, ne sauroit espérer que ce ministère, ou tout autre à l'avenir, aient une frugalité assez rigide et assez constante, pour faire quelques progrès dans l'acquitement de nos dettes, ou que la situation des affaires étrangères leur laisse assez de loisir et de tranquillité, pour exécuter une pareille entreprise; que deviendrons-nous? Un temps viendra, où les ressources épuisées, nous laisseront sans moyens de défense; dans un instant, l'ennemi peut venir sur nos côtes; l'argent pourra être prêt alors au Trésor-National, pour acquitter un quartier d'intérêt. La nécessité parle, la crainte presse, la raison exhorte, la compassion seule s'oppose, et c'est envain; on se servira de l'argent, pour le service courant, sous les protestations les plus solemnelles de le remplacer immédiatement : mais on sera dans l'impossibilité de remplir cette promesse. L'édifice entier, déjà chancelant, s'écroule, et ensevelit des milliers d'hommes sous ses ruines : voilà ce qu'on peut appeller *la mort naturelle du crédit public ;* voilà où tend aussi naturellement notre corps politique, que celui de l'animal tend à sa destruction.

Le Gouvernement Anglais fonde ses richesses sur le crédit public, et le crédit public, sur sa banque. De tous les établissemens, celui de la banque est le plus fictif; elle n'a aucune réalité, son existence est dans son nom; c'est un être de raison, qui tire sa création de l'opinion des hommes; son plus grand enchantement est de substituer des signes imaginaires à des sommes réelles; opération forcée, qui doit nécessairement en opérer la chûte. Les Juifs avoient été chassés de plusieurs états de l'Europe, pour avoir imaginé les premiers, qu'on pouvoit changer l'argent en papier, et ensuite changer ce même papier en argent; opération malheureuse, qui a renversé la fortune de plusieurs sociétés politiques, et qui força les habitans à quitter leur patrie, emportant tous leurs effets, meubles et immeubles, sans laisser aucune trace de leur évasion.

La première opération que fit la banque de Londres, fut de prêter au Gouvernement un million deux cens mille livres sterlings, somme qui avoit été confiée, comme en dépôt, par les souscripteurs, qui, par conséquent, ne lui appartenoit point; la seconde, fut d'attirer tout le numéraire de la Nation, persuadée qu'avec ce grand dépôt, elle pourroit former de grands projets, soit en continuant à faire des avances au Gouvernement, soit à gagner des sommes considérables, pour l'intérêt de l'argent qu'on lui avoit prêté, spéculation qui tendoit à s'emparer des capitaux des propriétaires de la Grande-Bretagne. Le projet fut bien conçu, et il fut bien exécuté; la banque royale devint un gouffre, où toutes les richesses de la Nation vinrent se précipiter, quand elle eut attiré à peu près tout le numéraire; elle offrit en prêt de nouvelles sommes au Gouvernement, qui ne fit pas de grandes difficultés à les accepter, c'est-à-dire, comme on vient de le voir, qu'elle donna un argent qui appartenoit aux actionnaires; ce brigandage financier étoit une violation de la foi publique.

Le Parlement favorisa cet agiotage, qui devoit ruiner l'Etat. Il vit la facilité qu'on avoit, de trouver de l'argent, et au lieu d'arrêter ce monopole, il se rendit lui-même caution du Gouvernement d'un emprunt qu'il n'auroit jamais dû lui permettre de faire; cette collusion fut le triomphe de la banque, puisque, soutenue par le Parlement, elle ne craignoit ni reproche, ni accusation: lorsque la législation se prête à favoriser les opérations meurtrières des agioteurs, l'Etat est perdu; la Cour se réunit au Gouvernement, et ce fut par ce commerce continuel de monopole et de spéculation, que la banque fonda les bâses de son établissement. Avant le règne de Guillaume III, lorsque le Roi demandoit de l'argent au Parlement, le Corps-Législatif lui disoit souvent qu'il n'en avoit point; mais, dès que les directeurs de la banque lui eurent remis les clefs du trésor-public, le Monarque y en pût puiser au gré de son ambition, et dès-lors les subsides accumulés, accablèrent la Nation. On mit des taxes et des impôts, on les multiplia à l'infini, il faut bien nécessairement que ce poid l'écrase et l'anéantisse.

Cette banque d'Angleterre, qui éblouit l'Europe, parce qu'on ne veut pas en examiner la nature et l'essence, ni en mesurer la profondeur, s'écroulera avec fracas; cette disproportion énorme qui se trouve entre le nombre de ses billets et la masse du numéraire mis en circulation; ce défaut de valeurs représentatives, de gages et d'hypothèque, cette substitution de l'opulence territoriale, cette richesse idéale qui renchérit la main d'œuvre et le salaire des ouvriers, qui diminue la culture des terres, ces différentes manufactures, qui font dépérir l'agriculture, opéreront la dissolution de cet édifice financier, et une banqueroute infâme, produira une révolution dont on ne peut calculer ni prévoir les terribles résultats. Le grand Newton est mort, persuadé que l'Angleterre, avec son papier monnoie, finiroit par une catastrophe. Tout établissement qui n'a point pour bâse la justice et l'honneur, doit nécessairement périr; cette vérité est écrite sur les ruines des empires, et sur ces monumens antiques, qui nous rappellent leur existence et leur grandeur.

Les Nations commerçantes ont brillé pendant quelques temps, pour aller s'ensevelir dans la nuit des tombeaux : tel fut le sort de Tyr, de Corinthe, de Carthage. Ces édifices incohérens, privés de leurs appuis, et perdant leurs équilibres, doivent s'écrouler tout-à-coup en débris, et ajouter l'exemple d'une grande ruine, à tous ceux qu'à déja vu la terre; la puissance d'un peuple maritime et commerçant, s'affoiblit insensiblement, et cet affoiblissement le conduit par degré à un état de foiblesse et de langueur, qui prépare sa mort politique. Sans doute, ses richesses, ses flottes, ses vaisseaux, ses ports, ses Colonies présentent un spectacle majestueux et imposant; mais un ver invisible détruit cette tige, dont les rameaux divers semblent ombrager l'univers. Les mœurs se corrompent, la dette nationale s'accroît à un point effrayant, l'agriculture languissante périt, les signes d'un numéraire fictif se multiplient avec une rapidité étonnante; bientôt les canaux sont engorgés, et la circulation s'arrête: alors, il n'y a plus de patrie, ni des citoyens, la banqueroute éclate, l'état s'ébranle jusques dans ses fondemens, et la Nation avilie reçoit les fers de l'esclavage.

C'est dans l'agriculture, dans les sillons des laboureurs, dans les domaines des cultivateurs, qu'il faut

faut chercher la stabilité des empires, la gloire et la prospérité des Nations ; oui, toute puissance qui vient d'ailleurs que de la terre, est artificielle et précaire, soit dans le physique, soit dans le moral. Un état bien cultivé, produit des hommes par les fruits de la terre, et les richesses par les hommes; ce ne sont point, suivant la belle pensée de Raynal, les dents du dragon, que Jason sème pour enfanter les soldats qui se détruisent, c'est le lait de Junon qui peuple le ciel d'une infinité d'étoiles. C'est l'agriculture qui crée et entretient les flottes ; c'est elle qui produit les armées. C'est dans les champs, couverts d'épis, que germe la victoire. Sans la culture des terres, tout commerce est précaire, parce qu'il manque des premiers fonds, qui sont les productions de la nature. Les Nations qui ne sont que maritimes ou commerçantes, observe un grand philosophe, ont bien les fruits du commerce ; mais l'arbre en appartient aux peuples agricoles. Celui qui a dit « que le trident de Neptune, est le sceptre » du monde », a fait, sans doute, un vers harmonieux; il peut être un excellent poëte; mais à coup sûr il ignoroit, ou affectoit de méconnoître ces principes d'économie politique, qui constituent la force et la richesste d'un Etat : c'est la charrue du laboureur, qui est le sceptre du monde ; la charrue du laboureur détruite, le trident de Neptune est brisé.

Le commerce corrompt les mœurs publiques, détruit les vertus sociales, et ne peut donner à l'Etat que des hommes flétris par l'égoïsme, efféminés par le luxe, et des spéculateurs sans foi et sans conscience, qui n'ont d'autre dieu que l'intérêt, et d'autre idole que l'argent. Les peuples riches et commerçans ont toujours succombés sous les efforts des Nations pauvres et agricoles. L'Asie devint la proie des Macédoniens ; Rome a détruit Carthage, et Rome, enrichie des dépouilles de la terre, fut conquise à son tour par des guerriers indigens et sauvages, que le Nord avoit vomi de ses flancs glacés ; le Chinois et l'Indien sont tombés sous les coups du tartare vagabond.

Depuis cent ans, observe un écrivain politique, l'on a beaucoup vanté le commerce ; mais si l'on examinoit le peu qu'il a ajouté de réel au bonheur des peuples, on modéreroit cet enthousiasme. A dater de la découverte des deux Indes, on n'a pas cessé de voir des guerres sanglantes causées par le commerce ; le fer et les flammes ont ravagé les quatre parties du globe, pour du poivre, de l'indigo, du sucre et du café. Les gouvernemens ont dit aux Nations qu'il s'agissoit de leurs plus chers intérêts ; mais les jouissances que la multitude paie de son sang, les goûta-t-elle jamais ! n'ont-elles pas plutôt aggravé ses charges, et augmenté sa détresse ? par un autre abus, les bénéfices accumulés en quelques mains, ont produit plus d'inégalités dans les fortunes, plus de distance entre les conditions, et les liens des sociétés se sont relâchés ou dissous. L'on n'a plus compté dans chaque état, qu'une multitude mendiante de mercenaires, et un groupe des propriétaires opulens. Avec les grandes richesses sont venues la dissipation, les goûts dépravés, l'audace et la licence. L'émulation du luxe a jeté le désordre dans l'intérieur des familles; et la vie domestique a perdu ses charmes; le besoin d'argent plus impérieux, a rendu les moyens de l'acquérir moins honnêtes, et l'ancienne loyauté s'est éteinte; les arts agréables, devenus plus importans, ont fait mépriser les arts utiles et nécessaires; les campagnes se sont dépeuplées pour les villes, et les laboureurs ont brisé la charrue, pour devenir des serviteurs stipendiés, ou des artisans; l'extérieur des états est devenu plus brillant; mais la force intrinséque en a diminué; pour des richesses lointaines, l'on néglige celles que l'on possède; pour des entreprises étrangères, on se distrait des soins intérieurs; on soudoie des armées plus fortes, on entretient des flottes plus nombreuses, on établit des impôts pesans; la culture, devenue plus onéreuse, est négligée; les besoins plus urgens rendent l'usage du pouvoir plus arbitraire; les volontés prennent la place des lois; le despotisme s'établit, et de ce moment toute activité, toute industrie, toute force dégénèrent, et à un éclat passager et menteur, succède une longueur éternelle.

L'Anglais, qui vante avec orgueil sa générosité et sa clémence, a surpassé tout ce qu'on lit dans l'histoire, sur les crimes des conquérans, les fureurs des barbares, et les meurtres des Sauvages. L'humanité, la justice, la religion même ne pardonneront jamais à ce Gouvernement perfide les atrocités dont il s'est rendu coupable. Le sang des victimes égorgées, criera éternellement vengeance contre cette race exécrable d'assassins; avec quel sentiment d'horreur et d'indignation, ne se rappelle-t-on pas les injustices et les cruautés exercées dans les Indes, par les armées britanniques!

L'Indoustan, cette riche et fertile contrée de l'Asie, est devenu le théâtre des déprédations et des assassinats du Gouvernement Anglais. Au lieu de communiquer aux Indiens leurs connoissances dans les sciences et les arts, de leur apporter les productions de leur climat, pour en recevoir en échange, les produits de l'industrie Indienne, des conquérans féroces ont porté, dans ces paisibles régions, la désolation, l'esclavage et la mort; ils ont incendié les villes et les provinces, massacré les habitans, ouvert des tombeaux pour entasser leurs victimes; ils ont détrôné les Princes Indiens, et distribué des poignards pour les égorger; ils ont corrompu des Nations entières pour les accoutumer à la servitude; ils ont renversé ces monumens, et détruit ces institutions qui pouvoient rappeler le temps de leur gloire et de leur puissance; ils les ont gouvernées avec un sceptre de fer, et après les avoir dépouillées de leurs héritages et de leurs trésors, ils les ont fait périr par le glaive, et au milieu des tortures et des supplices. Les Indiens ont été successivement conquis par Alexandre, par Gengiskan, par Timour, par Nadir-Chab; mais ces conquérans de l'Asie, montroient quelques principes de justice et d'humanité; ils conservoient les usages et les lois des peuples vaincus. Les Anglais ont suivi un systéme calculé de tyrannie et de brigandage; ils ont détruit les coutumes, la religion, les temples des Indiens, et n'ont laissé, au milieu d'eux, que des oppresseurs pour les enchaîner, et des bourreaux pour les égorger.

Les Anglais se rendirent coupables d'un crime qui fait frémir l'humanité, et que l'historien ne peut raconter sans dévouer à la haine des siècles, cette race homicide qui a surpassé en férocité ces hordes de sauvages, qui ne se nourrissent que du sang humain. Les Indiens attachés à leur religion qui leur ordonnoit de s'abstenir de manger de la viande, s'alimentoient de riz; les Anglais emmagasinèrent cette denrée, pour contraindre les Indiens à l'acheter au prix fixé par leur avarice; les pauvres hors d'état de s'en procurer, périrent par la faim : Raynal, révolté par l'opprobre que cette atrocité répand sur les Anglais, refuse de croire qu'ils se sont rendus coupables de cet infâme monopole. On ne sauroit néamoins en douter, puisque l'existence de ce crime a été attestée par les historiens britanniques.

Il existoit dans l'Indostan un peuple doux, simple et bon. Les Saïques habitoient une région dont les plaines et les côteaux formoient un vaste jardin embelli de tous les dons de la nature : il vivoit tranquille et heureux sous des lois sages ; il pratiquoit la justice, et présentoit le tableau consolant des vertus. Les Anglais exterminèrent cette nation par le fer et par le feu ; elle périt toute entière. Non, jamais les Espagnols, en dépeuplant l'Amérique, en répandant par-tout l'incendie et la mort, n'ont commis autant de forfaits que les Anglais dans l'Indostan.

En Amérique, la dévastation, le pillage, la terreur annonçoient la marche des armées britanniques ; des milliers de Citoyens sans distinction d'âge et de sexe furent chassés de leurs paisibles demeures, ou exposés aux injures de l'air et à la rigueur des saisons par l'embrâsement des villes sans défense. Dans leurs triomphes, ces barbares massacrèrent de sang-froid des hommes qui n'étoient plus en état de leur résister; ceux qui échappèrent aux premières scènes du carnage, furent réduits à déplorer leur cruelle existence dans des cachots profonds où ils étoient jetés tout nuds, et où ils mouroient de faim et de froid. Ces horreurs n'ont pas été l'ouvrage de la cruauté insultante d'un individu, c'étoit un systéme consacré par la sanction du Gouvernement britannique, et par la formalité de la loi. Déterminés à rompre les liens les plus forts de la société, ces tyrans ont excité des serviteurs à massacrer leurs maîtres, dans le sein de la sécurité domestique ; et comme si ces meurtres n'eussent pas suffi pour appaiser la soif du sang ; ils ont soulevé et armé les Sauvages, dont la première règle dans la guerre est de tout égorger sans distinction, et qui se font un barbare plaisir d'immoler les enfans sur le sein de leurs mères, de massacrer des vieillards expirans, de faire souffrir à leurs prisonniers les tourmens les plus horribles, et de porter en triomphe les têtes sanglantes de leurs ennemis.

On se rappelle avec un sentiment d'horreur qu'un membre des Communes s'écria « qu'il falloit » exterminer les Américains, et employer contre » eux les machines infernales ». Peut-on s'empêcher de pousser un cri d'indignation contre cet outrage fait à l'humanité ; peut-on s'empêcher de dévouer à l'opprobre et à la malédiction des siècles, cet homme qui conjure contre l'espèce humaine. Grand Dieu ! c'est dans un temps éclairé par les lumières de la philosophie ; c'est au milieu d'une nation civilisée ; c'est dans une contrée qui parle sans cesse de vertu et d'humanité ; c'est dans le sanctuaire des lois, qu'un Anglais pétri de sang et de boue, né pour être le conducteur d'une horde de cannibales, donne le signal d'une férocité connue de ces bandes d'antropophages qui mutilent les cadavres, s'en disputent les lambeaux sanglans, et se nourrissent de chair humaine. « L'Angleterre, » disoit Raynal, en parlant des causes de ses révo- » lutions et de sa puissance, a été de tout temps le » théâtre de grands phénomènes politiques ». Il auroit pu ajouter celui de grands crimes. Accoutumée à mépriser les droits des nations et de l'humantié, elle a établi sa grandeur et sa domination par des forfaits dont l'histoire s'est souvent refusée à ensanglanter ses pages; mais dont on conserve les horribles traditions. Ses établissemens dans les deux Indes, fumans encore du sang de leurs habitans, attestent les excès de sa tyrannie et de sa férocité.

C'est le Gouvernement anglais qui a armé les Nègres de Saint-Domingue, et a couvert cette colonie de cendres et de ruines. Il a reconnu l'autorité et l'usurpation de cet homme vomi par les enfers pour répandre sur cette terre infortunée l'incendie, la proscription et la mort; c'est le Gouvernement anglais qui a prodigué l'or pour ensanglanter les rives du Rhin; c'est lui qui a fomenté cette guerre de la Vendée qui a fait verser tant de sang et immolé tant de victimes; c'est sous ses ordres, et en présence de ses agens, que se sont commis tous les massacres dont les contrées de l'Ouest ont été l'affreux théâtre; c'est lui qui payoit le prix de chaque tête qui tomboit sous le fer des assassins; c'est lui qui a réuni à Quiberon tous les anciens marins Français, et aussitôt des tombeaux se sont ouverts pour les ensévelir. C'est lui qui a produit en France l'anarchie et les fureurs révolutionnaires, fourni des armes et de l'or aux rebelles de l'intérieur, contre-fait notre papier monnoie, corrompu nos généraux; c'est lui qui a distribué ses trésors pour multiplier les conspirations, et pour assassiner Napoléon : cet or, source de corruption et de désordre, qui pouvoit en rendre l'emploi utile et la possession précieuse, a été semé à pleines mains pour détruire, pour incendier et pour massacrer. Qu'on ne nous accuse point de partialité ou d'exagération, l'histoire et les traditions parlent, et c'est dans leurs monumens, où sont écrits en lettres de sang les crimes dont le Gouvernement Anglais s'est rendu coupable.

Ce Gouvernement a été toujours l'aggresseur dans les guerres qu'il nous a déclarées, et a toujours secouru en temps de paix les ennemis de la France. Sans vouloir ici remonter à des époques éloignées, l'histoire nous apprend que la perfidie et l'ambition commencèrent la guerre de 1755; tandis que nous reposant sur la foi des traités, nos meilleurs matelots étoient occupés à la pêche de Terre-Neuve, et nos vaisseaux marchands disséminés pour l'intérêt du commerce, couvroient les mers d'Amérique et d'Europe, tout-à-coup l'Angleterre déclare la guerre à la France, les forbans de la Tamise sortent et s'emparent de nos vaisseaux richement chargés : l'Europe frémit et s'indigna en apprenant cette violation de la justice et du droit des gens; l'histoire consacra dans ses fastes l'opprobre du Gouvernement Britannique. En 1774, un Macnemara, commandant au Sénégal, fit enlever un vaisseau français. En 1776, le pavillon anglais attaqua et insulta sur le Gange trois vaisseaux français. Dans la guerre de l'Amérique, il n'existoit aucune déclaration entre la France et la Grande-Bretagne ; cependant les Anglais attaquèrent la frégate la *Belle Poule*, commandée par le brave la Clocheterie, et s'emparèrent de la *Licorne* et de la *Pallas*, et déjà on avoit armé pour faire la conquête dans l'Inde des possessions françaises.

La reine Elisabeth, Charles Ier. Cromwel, ont secouru les Protestans français qui avoient pris les armes contre leur patrie. Le Gouvernement Anglais a favorisé la rebellion des Corses ; il a procuré à l'empereur de Maroc et aux Algériens des munitions de guerre pendant le siége de Mélile et d'Alger, entrepris par les Espagnols, alors amis et alliés de la France ; il a procuré des armes et de l'argent à la maison de Bragance et de Portugal, contre l'Espagne, il a fomenté les divisions des Pays-Bas, et la désertion des Hollandais. Ces violations des droits les plus sacrés de la justice et des nations, forment le système diplomatique de la Grande-Bretagne, et dirigent les opérations de ce Gouvernement machiavélique.

Cette politique insidieuse et oppressive n'est point nouvelle dans le cabinet britannique. Pitt n'est pas le créateur de cet art perfide et cruel ; il en est l'émule ; il en étend les ramifications et en augmente la force. Il est l'héritier scandaleux d'un père qui sacrifia toutes les vertus à son ambition, et qui eut l'audace et l'impudeur de déclarer que, si le Gouvernement Anglais avait de la bonnefoi, il n'auroit pas trente ans d'existence. Qu'il nous soit permis ici de jeter un coup-d'œil rapide sur les actions et les maximes de deux ministres qui ont juré à la France une haine immortelle. Chatam avoit sans doute de grands talens et de profondes connoissances; son genre hardi, et son ambition sourde et inquiète enfantèrent des projets destructifs de tout ordre de justice et d'humanité; administrateur politique, ses opérations étoient dirigées par cet esprit d'analyse et de calcul qui en facilite souvent le succès; mais Chatam sacrifia la morale, l'intérêt et la liberté du Peuple Anglais, les droits des Nations, et toutes les vertus publiques, pour étendre la gloire, la puissance et le commerce de la Grande-Bretagne. Quand il s'applaudissoit d'avoir conquis l'Amérique, il avoit oublié que cette conquête avoit coûté à l'Etat quatre-vingt millions sterlings : ce ministre en usurpant la suprématie maritime, en voulant rendre la nation guerrière et conquérante, prépara le démembrement de l'Empire, et alluma cette guerre civile contre laquelle il tonna avec une énergie véhémente, pour faire diriger contre la France toutes les forces britanniques.

Valpole avoit introduit dans le Parlement cette corruption et cette vénalité, qui furent un fléau encore plus terrible que la guerre, et qui ont imprimé, sur le Peuple Anglais, un caractère d'immoralité, qui doit nécessairement le conduire à l'esclavage. Chatam, par ses principes machiavéliques, par sa haine contre la France, par ses principes de conquête et de destruction, donna au Peuple Anglais, cette audace, cette fierté, cet orgueil, qui ont outragé les autres Nations de l'Europe. Ces deux ministres ont violé toutes les lois de la morale et de la foi publique; ont attaqué la constitution de l'Etat; ont ébranlé les fondemens de l'Empire, et ont commis des crimes que la justice des siècles ne leur pardonnera jamais. Le Peuple Anglais doit la perversité de ses mœurs à Valpole, et devra peut-être bientôt sa dissolution à Chatam; l'un vouloit établir le despotisme du Roi, et la servitude du Peuple sur la corruption; l'autre ne craignoit point d'annoncer publiquement, que, pour être puissant et redoutable, il falloit adopter la morale des usurpateurs et les maximes des conquérans. Le premier s'emparoit des trésors de l'Etat, pour les faire servir à fortifier et propager son système d'immoralité; le second faisoit verser des flots de sang, pour soutenir sa doctrine d'envahissement et de conquête.

Il est de la destinée de l'Angleterre d'être gouvernée par une famille ambitieuse, qui veut fonder la gloire et la grandeur du Peuple britannique, sur les crimes de la politique, et sur la foiblesse des autres puissances de l'Europe. Pitt, plus habile que son père dans la science de la politique, moins impétueux, moins véhément, mais plus dangereux, cache, sous des dehors trompeurs, une ambition dévorante, et une hypocrisie calculée; il réunit les talens et le génie, à toutes les passions sauvages; la vigueur et la fierté du caractère, à tous les transports de la perfidie, et à tous les tourmens de la haine. Il veut diriger, à son gré, tous les mouvemens de l'Europe, pour les faire servir à sa gloire, et à celle de son Roi, dont il a su captiver la confiance, par son attachement à servir ses caprices et à flatter ses passions. Pitt a adopté la doctrine perverse, et les dogmes perfides de Machiavel et d'Hobbes, qui ont publié, dans leurs ouvrages subversifs de tout ordre social, « que la prospérité et la splendeur des » Empires doivent être fondés sur la force, la ty- » rannie et la séduction ». Il veut aller à la célébrité par des opérations hardies et difficiles. Les obstacles augmentent la force de son génie, et irritent l'ardeur de son caractère; il brave les murmures et les imprécations d'un Peuple qu'il opprime sous le fardeau des impôts, déconcerte, par son orgueil, ses ironies et son éloquence, les chefs du parti de l'opposition qui sont aujourd'hui sans caractère et sans énergie, et qui ne sont plus qu'un simulacre que l'on offre aux yeux du Peuple, pour lui persuader que sa volonté entre pour quelque chose, dans les decrets du Parlement, et dans les résolutions ministérielles. Pitt se sert de la connaissance qu'il a du cœur humain et des passions qui l'agitent pour multiplier ses partisans et ses admirateurs, pour augmenter ses moyens de corruption, et pour étendre les prérogatives royales : avec de l'or, il séduit les hommes avides ; avec de l'espoir et les promesses des dignités, et des récompenses, il enchaîne les ambitieux ; avec des déclamations véhémentes, il éblouit et subjugue les esprits foibles et crédules ; il flatte le Peuple, en lui parlant de conquête et de triomphe ; et c'est en lui présentant un tableau d'envahissement et de destruction contre la France, qu'il appaise ses murmures et nourrit son orgueil ; il sait qu'en l'entretenant de sa gloire, de sa puissance et de l'accroissement de son commerce, il en fera des esclaves qui béniront leurs chaînes, et s'applaudiront dans leurs fers. Pitt veut fonder le despotisme du Roi, sur les débris de la liberté publique, et établir un Gouvernement militaire ; il veut démembrer la France, y entretenir les factions et l'anarchie, il veut détruire son commerce, sa marine, ses Colonies, désorganiser le nord de l'Amérique, détacher les Colonies Espagnoles de leur métropole, s'emparer des trésors du Brésil, du Mexique, du Pérou et des richesses de la Hollande ; il veut affermir la suprématie maritime, faire le commerce exclusif, et rendre toutes les Nations vassales et tributaires de l'Angleterre ; c'est ainsi que Pitt veut immortaliser sa mémoire, et son administration par de grands forfaits ; mais les oppresseurs de l'humanité et des Nations, doivent périr. Cette justice instruit et console la terre.

Il faut aux Anglais, dit un historien philosophe,

de grandes chimères, une prespective immense de gloire, un commerce sans concurrence, les richesses des deux mondes, l'empire des mers, des alliés patiens et soumis, quelques victoires infructueuses, un honneur chimérique qu'ils croient partager avec leurs maîtres, des parades ridicules contre les Nations les plus respectables; la ruse, et l'infidélité dans les traités, le machévialisme dans les négociations; tous ces faits viennent à l'appui de cette vérité, tous les évènemens la confirment depuis un siècle. La conduite arbitraire des Anglais, leurs entreprises hardies, leurs discours hautains dans les assemblées nationales, leurs déclamations, leurs manifestes, leurs usurpations, et leur systéme suivi de la violation des droits des Nations, tout dépose contre leur tyrannie; leur histoire n'offre qu'un assemblage bisare de liberté apparente et d'esclavage réel, des conquêtes brillantes; mais injustes, de gloire éphémère et de malheur durable, quelques vertus farouches, des fautes, des excès et des crimes. C'est ainsi que le despotisme se trouve en contradiction avec lui-même; sa force veut tout subjuguer, sa cupidité tout envahir, et sa corruption tout dégrader. Peuple Anglais! si vanté, si fameux par votre liberté, par votre humanité, par votre philosophie, vous n'êtes qu'un Peuple licencieux sans liberté, dissipateur sans fortune, orgueilleux sans courage, déjà tout façonné à l'esclavage et à la misère, avili par le luxe, tout prêt à être chargé de fers, si le delire de la liberté ne s'empare bientôt de quelques têtes Bretonnes, pour renverser tout-à-coup l'hydre du despotisme, tout prêt à écraser la Nation assoupie.

L'Angleterre a usurpé la suprématie maritime, elle s'est emparé du commerce universel, et elle annonce aux autres Nations, qu'elles seront ses tributaires ; elle fait sentir son despotisme aux puissances qui ont des intérêts maritimes à conserver, ou des rapports commerciaux à maintenir ; elle menace l'Espagne, médite la ruine de la France, dont la marine, toute affoiblie qu'elle est, l'épouvante encore : elle réunit ses forces, pour s'emparer des établissemens Hollandais, et déclare au Portugal, qu'il sera son vassal et son esclave ; elle veut arrêter la Prusse dans l'essor qu'elle cherche à donner dans son commerce et dans la formation de la compagnie des Indes que le grand Frédéric avoit voulu établir dans le port d'Empden. Les efforts que le Gouvernement Anglais a fait dans tous les temps, pour troubler cette puissance dans la possession des établissemens de Thorn et de Dantzict, annoncent ses projets d'attaque et d'invasion ; il veut forcer l'Autriche à renoncer à sa Colonie d'Ostende, et détruire son commerce dans le port de Trieste, il veut dominer à Naples, et engager par des promesses insidieuses, l'Helvétie à verser ses trésors dans la banque de Londres, il veut établir des magasins et des comptoirs dans toutes les villes d'Allemagne, aspirer tous les sucs nourriciers de l'Etrurie, dicter des lois à la Suède et au au Danemarck jusques dans leurs propres ports, s'opposer aux progrès rapides du commerce de la Russie, et dominer sur la Méditerranée par la conquête de l'Egypte; cette puissance ambitieuse, présente des boulevards sur toutes les mers, et commande à tous les Peuples l'obéissance et le respect; des forteresses redoutables sont élevées pour lui assurer la domination de l'Océan européen, de l'Océan américain, de l'Océan atlantique, de l'Océan indien; elle ordonne que des milliers de bâtimens apportent, en tribut à la Tamise, les richesses de tous les fleuves depuis le Tage jusqu'au Gange, depuis l'Elbe jusqu'au fleuve Saint-Laurent; elle veut régner sur le Sund, et faire flotter son pavillon sur la Baltique: elle veut réunir irrévocablement à son domaine ces monumens de sa perfidie, et nous enlever ceux de notre courage et de notre gloire; elle veut détruire la balance politique, par une accumulation énorme d'établissemens usurpés dans les deux mondes, en ôtant aux autres Nations les appuis de leur commerce maritime

Il est de l'intérêt de toutes les puissances de l'Europe, de réunir leurs forces pour briser le sceptre maritime que les Anglais ont usurpé, et qui pèse sur toutes les Nations; il est temps d'assurer cette liberté de navigation et de commerce, qui doit être une propriété commune, et dont la jouissance exclusive est un outrage et un scandale, que l'Europe ne peut plus tolérer. On a versé des flots de sang pour rétablir sur le continent cette balance politique, destinée à s'opposer à la grandeur et à l'ambition de grandes puissances. Charles-Quint forme le projet insensé de réunir tous les Etats de l'Europe, à la monarchie Espagnole; un petit fils de Louis XIV, est appellé pour monter sur le trône de Madrid; aussitôt, l'allarme est dans tous les cabinets de l'Europe, et quoiqu'il ne soit pas au pouvoir d'aucun Potentat de s'emparer de la suprématie continentale, les Puissances s'arment, pour s'opposer à la grandeur et à la force de la France et de l'Espagne. Cette suprématie continentale est une véritable chimère, c'est une épouvantail, dont l'Angleterre se sert pour effrayer les autres Gouvernemens et pour exécuter ses projets de conquêtes et d'envahissemens. Il n'en est pas ainsi de la suprématie maritime, elle existe, et elle existera pour le malheur de l'Europe, tant que les autres Puissances ne réuniront point leurs forces pour la briser, et pour rentrer dans l'exercice des droits qui leur appartiennent.

Les Puissances de l'Europe, doivent donc, pour l'intérêt de leurs peuples s'unir à la France, par des traités de paix et de commerce. Cette alliance leur sera utile et avantageuse. L'Autriche, après une guerre longue et désastreuse, doit renoncer à toute idée de conquête, pour ne s'occuper que de sa prospérité; son commerce naissant lui promet de nouvelles sources d'industrie et de trésors; c'est par la perte de la suprématie usurpée par l'Angleterre, qu'elle étendra et vivifiera ses relations commerciales, et qu'elle sera un jour, placée au rang de grandes Puissances maritimes ; la Prusse, donnera de l'activité à son commerce, améliorera l'agriculture, augmentera sa population, perfectionnera son système d'économie politique, ne redoutera point les entreprises de l'Autriche et de la Russie, et établira l'équilibre dans l'Allemagne et dans le nord. L'aigle de Pétersbourg dévore peut-être d'avance les possesions de la Prusse situées dans la Pologne. Son alliance avec la France lui garentit et lui assure l'intégrité de son empire. L'influence que cette Puissance a acquise dans la Germanie, et qu'elle doit chercher à étendre pour réaliser des plans éventuels, lui faira toujours un besoin de l'alliance avec la France; nul Etat de l'Europe ne peut lui donner des secours plus puissans, ne peut lui laisser plus à espérer ni moins à craindre.

La Suède comprendra qu'elle a besoin de s'unir à la France, parce que ses relations extérieures ont plutôt pour objet des intérêts commerciaux, que des liaisons politiques ; alors, elle ne craindra point les invasions et les attaques du Gouvernement Anglais, qui, sous de vains prétextes, et des mensonges absurdes, cherche à bombarder ses ports, et à incendier ses villes ; la Suède doit se rappeller que la France lui a fourni d'immenses subsides dans le temps où elle étoit réduite à la plus affreuse détresse, qu'elle l'aida à faire cette révolution qui anéantit cette aristocratie orgueilleuse, qui opprimoit l'Etat et le trône ; elle doit savoir que ce fut la France qui, par l'armement d'une flotte à Toulon, et par une diversion contre les Russes dans l'Archipel, arrêta les mesures hostiles dont la Russie et la Porte la menaçoient ; la Suède doit donc se réunir à la France qui la défendra contre la Russie jalouse de dominer sur la Baltique : alors, cette Puissance reprendra le rang qui lui appartient parmi les Etats indépendans; alors, son Roi abandonnant ses projets gigantesques, s'occupera à éteindre cet esprit d'insurrection, à détruire ce germe de factions, qui est toujours prêt à se développer et a affermir un trône toujours chancelant.

Le Danemarc allié avec la France, ne craindra, ni la vengeance ni les forces de l'Angleterre, et évitera ces guerres qui épuiseroient ses finances et ruineroient ses relations commerciales ; la Turquie, en s'unissant à l'Angleterre, avoit signé sa propre condamnation ; elle a évité le démembrement de son empire en renouvellant le traité d'alliance qui la lioit à la France, et en demandant d'être encore une fois admise dans son système fédératif ; que le Divan n'oublie jamais que l'Angleterre veut conquérir l'Egypte, et s'emparer du commerce exclusif du Levant et de la Mer-Noire ; que la Russie lui a enlevé le Cuban, la Crimée, les Forteresses qui défendoient ses Provinces Septentrionales, et le commerce exclusif de la Perse. L'établissement de Cherson, domine dans cette Mer, et menace Constantinople ; l'un des jeunes Czars, a reçu le nom de Constantin, en attendant qu'il reçoive dans la capitale de la Turquie la couronne Impériale : combinant ses plans avec ses forces, la Russie peut attaquer en même temps Constantinople d'un côté, le détroit de Dardanelle de l'autre, et l'Empire Ottoman n'est plus ; l'Autriche peut attaquer la Valachie et la Moldavie, jusqu'aux bouches du Danube, et rien ne peut s'opposer au démembrement de cet Empire. La Turquie, forte de son alliance avec la France, parviendra à conserver ses provinces Européennes, à étendre son commerce, à augmenter sa marine, à discipliner ses troupes, à ramener le peuple aux principes de la civilisation, aux droits de l'humanité, et à profiter des lumières et de l'industrie des autres Natious.

Paul Ier, vit dans Napoléon, un guerrier magnanime, et un grand homme d'état ; le génie de l'Empereur des Français, l'instruit et le subjugue. Il quitte la coalition, et forme une confédération avec la Suède et le Dannemarc contre l'Angleterre, qui vouloit dominer sur le Sund et dans la Baltique. Il s'occupe à contracter un traité d'amitié de paix et d'alliance, avec la France. Paul premier est le seul souverain, qui, dans ces derniers temps, a suivi les mouvemens d'une politique loyale et désintéressée ; tout étoit sincère dans sa conduite ; ses erreurs mêmes avoient des excuses honorables ; quand il s'est armé contre la France, elle etoit avilie sous un Gouvernement oppresseur, et elle avoit vu s'éloigner le Héros qui la couvre maintenant de sa gloire, et la protège de son génie. Un Monarque, placé aux confins de l'Europe, pouvoit donc facilement se méprendre, et mal juger des événemens que la renommée lui portoit de loin, à travers tous les cris de la haine, et toutes les plaintes de l'infortune. Paul premier reconnut ses erreurs, il comprit que les Puisances coalisées, oubliant la cause commune, ne songeoient qu'à leur aggrandissement particulier ; il ne voulut plus prêter ses drapeaux à cette ligue ambitieuse : il revint à ses véritables intérêts, par le sentiment de la justice et de sa dignité : en un mot, l'honneur fut le mobile constant de sa politique, et cet exemple, perdu depuis long-temps dans les Cours, ne semble avoir été donné par le descendant des Czars, que pour offrir un contraste plus frappant, avec la conduite de l'Angleterre.

A peine Alexandre Ier. est-il monté sur le trône de ses pères, qu'il s'unit avec la France par une alliance solemnelle ; c'est ainsi que Pierre-le-Grand forma ses premières liaisons avec cette puissance en 1717. Cette alliance donnera à la Russie le droit et la faculté de faire avec la France un commerce direct et réciproque. Les Anglais ne seront plus des acheteurs exclusifs, et des vendeurs usuriers qui retiroient un prix immense de leurs achats, et de leurs ventes ; la Russie entretiendra des relations commerciales avec la France, et avec les puissances du nord sans aucuns intermédiaires; elle favorisera les concurrences des nations du midi; elle vendra plus cher ses productions, achetera à meilleurs marché les marchandises étrangères, et procurera de grands avantages à l'Europe, en ouvrant une nouvelle route à l'industrie et au commerce de plusieurs peuples. La Russie alliée à la France, ne redoutera ni l'Autriche, ni la Prusse, ni la Turquie, et pourra exécuter sans crainte et sans obstacles ses projets éventuels; elle fortifiera sa marine pour rétablir cette liberté des mers qui doit étendre et vivifier son commerce et son industrie; elle maintiendra l'équilibre du Nord pendant que la France garantiera celui du Midi. Cette heureuse union assurera la balance politique de l'Europe, et détruira la suprématie maritime usurpée par l'Angleterre.

L'empire de Russie, observe un écrivain politique, exerce aujourd'hui une influence qu'il doit principalement à l'état de confusion et de désordre dans lequel la guerre a jeté les rapports politiques de toutes les nations de l'Europe; mais avec toutes les ressources de richesses et de puissance qu'il renferme dans son sein, pourquoi ne prétendroit-il point a une prépondérence permanente et positive. La Russie à un vaste territoire, des provinces fertiles, des frontières qui la mettent en communication avec l'Europe et l'Asie, des ports qui lui ouvrent un accès sur toutes les mers, une population nombreuse, industrieuse et sobre; si le prince qui la gouverne aspire à l'honneur de rendre durable et d'áttacher à son empire et à son nom le principe de cette prééminence qu'il doit à des circonstances accidentelles, et qui peut leur survivre, qu'il s'occupe de modérer ce principe d'expansion, qui jusqu'à ce jour a porté ses prédécesseurs a s'étendre sans cesse au-delà des limites de leur empire; qu'il se livre uniquement au soin de civiliser les parties éloignées de son vaste territoire; d'enchaîner par une bonne administration les proportions trop dispersées; d'y développer tous les élémens de fécondité qui multiplient les choses, les hommes, et qui ajoutent à la valeur des uns et a l'industrie des autres; qu'il substitue enfin à l'inscription fastueuse que les flatteurs de Catherine gravèrent sur l'arc de triomphe de Cherson: *ce chemin mène à Constantinople;* cette devise bien plus glorieuse et bien plus sensée; *les forces de cet empire ne serviront plus désormais à l'agrandir, mais à le gouverner.* Avec ces maximes d'une sage politique, il verra s'accomplir en peu d'années tous les présages que le génie de Pierre-le-Grand a su concevoir, et que les succès de plusieurs règnes glorieux n'ont qu'imparfaitement réalisés; de la sur-abondance des productions locales, naîtra un principe d'émulation qui dirigé par une administration prévoyante, favorisera la population des classes industrieuses; d'un commerce intérieur solidement constitué, sortira cette impulsion féconde et nationale qui peut seule organiser au profit de l'état les ressorts de son commerce intérieur, et lui en assurer les bénéfices. Une marine militaire s'élévera du sein d'une bonne marine marchande, les armées de terre se formeront librement de l'excédant de la population de toutes les classes, et alors l'empire Russe sera un des plus grands Empire du monde.

C'est du sein de la paix qu'on verra s'élever majestueusement l'Empire de Russie, et c'est au milieu des travaux bienfaisans d'une administration pacifique, que cette nation présentera le tableau du bonheur et de la prospérité. Alexandre aime son peuple, il se distingue par sa justice et par ses vertus morales; la paix lui promet un règne fortuné et glorieux; il respectera les droits, l'indépendance et les institutions des peuples; il ne transportera point ses flottes sur la Méditerranée, ni ses armées dans le Midi pour seconder l'ambition et les vengeances du gouvernement britannique; il ne voudra point relever dans Rome l'empire d'Occident par la réunion des églises grecque et latine, et rétablir dans Gênes et le Piémont cette féodalité anéantie par un guerrier magnanime et généreux; il ne fixera point ses regards sur Byzance, et il n'étendra point ses conquêtes du côté du Caucase et de l'Euphrate pour unir le sceptre de Cyrus à celui de Constantin. Tous ces projets de l'ambition produiroient une guerre meurtrière, et cette guerre à son tour enfanteroit ces révolutions qui ont si souvent bouleversé l'Empire Russe, et ensanglanté le trône des Czars.

La Suisse est sortie de cet état d'anarchie qui la déchiroit, et le peuple helvétique est rentré dans l'exercice paisible de sa souveraineté. Il n'oubliera jamais qu'il doit sa liberté et sa constitution à l'empereur des Français; reconnoissant et fidèle, il ne violera point la sainteté des traités, il fera tous les sacrifices qu'exigera l'intérêt commun, en ouvrant ses trésors, en offrant ses moissons à un guerrier qui est son législateur et qui seul peut défendre sa constitution contre les divisions intestines, et ses cités contre l'invasion des ennemis. La Hollande doit sa liberté à la France, unie à cette puissance, elle forcera l'Angleterre à exécuter ce traité qui avoit restitué au peuple batave ses colonies envahies, alors la Hollande pourra réparer ses pertes, et placée une seconde fois au rang des puissances maritimes, elle rétablira ses finances et son commerce et vivifiera toutes les parties de son administration. Les gouvernemens sont intéressés au rétablissement de cette république, dont les richesses consistoient dans son commerce avec les Indes Orientales, dans ses colonies d'Amérique, dans son commerce de cabotage avec l'Europe; par son commerce avec les Indes, elle fournissoit les productions et les marchandises de l'Orient, objets qui sont devenus nécessaires par l'habitude; elle offroit en même temps un débouché facile aux denrées et aux manufactures de l'Europe; par ses colonies d'Amérique, elle supléoit au défaut de son territoire; par son commerce de cabotage, elle entretenoit l'abondance et soutenoit la concurrence dans tous les ports et les marchés de l'Europe; elle devenoit l'appui de toutes les nations, leur apportoit ce qu'il leur manquoit, achetoit l'excédent de leur consommation, et se rendoit pour ainsi dire la bienfaitrice du genre humain; l'existence de la Hollande est utile et nécessaire aux puissances du Nord; l'Angleterre qui veut établir son commerce universel exclusif, cherche à anéantir cette puissance; tous les états de l'Europe, et sur-tout la France et la Prusse, sont intéressées à sa conservation.

L'Espagne, en exécutant avec fidélité les traités qui la lient à la France, ne verra point ces révolutions politiques qui ébranlent et détruisent les Empires; sa marine réunie à celle de la France, défendra ses Colonies, fera respecter son pavillon, et ses vaisseaux chargés des trésors du Mexique et du Pérou, rentreront dans ses ports; le Portugais guerrier sous Alphonse, navigateur sous Sébastien, militaire sous Bragance, audacieux sous Vasa de Gama, intrépide sous Albukerque, négociateur sous Atalide, ne sera plus l'esclave de l'Angleterre, s'il réunit sa marine à celle de la France, de l'Espagne, et de la Hollande; une seule loi, disoit le marquis de Pombal au Gouvernement Anglais, peut renverser votre puissance, ou du moins affoiblir votre empire; nous n'avons qu'à défendre la sortie de notre or pour qu'il n'en sorte plus. Le Portugal pourra étendre et fortifier son commerce, en ouvrant ses ports à toutes les Nations, en admettant une concurrence générale dans la vente de ses propres marchandises, et dans l'importation de toutes les marchandises étrangères ; il donnera à son commerce dans les Indes orientales et sur les côtes de l'Afrique, une nouvelle direction qui pourra devenir une source abondante de richesses ; il reformera ses lois, encouragera les sciences, protégera les arts, et introduira dans toutes les parties de l'administration, de nouveaux principes d'ordre et d'économie. Le Portugal gémissoit sous la domination Espagnole, la France rompit ses fers ; la maison de Bragance lui doit son sceptre et sa couronne ; elle devra à Napoléon sa liberté, son indépendance, la conservation de ses Colonies, et la prospérité de son commerce, que le Portugal n'oublie jamais ces heureux bienfaits ; c'est en observant fidèlement ses traités avec la France, qu'il pourra conserver et améliorer son existence politique.

Les Etats-Unis de l'Amérique doivent s'unir à la France ; cette alliance sera utile à leur commerce et à leur navigation. Le Gouvernement britannique, n'a pas perdu l'espoir d'asservir les Americains; il tentera cet asservissement par la force ou par la corruption. Dans sa haine profonde, il épuise les trésors de l'Etat, pour fomenter des factions et des troubles ; il médite une révolution dans l'espoir de conquérir ses anciennes provinces. Une antique alliance, des intérêts réels, et des rapports directs, commandent aux Etats-Unis de cimenter leur existence politique, et d'étendre leur gloire et leur grandeur, en se réunissant avec une Nation qui saura les défendre contre les usurpations d'un ennemi qui, semblable à un lion rugissant, cherche déjà à dévorer sa proie. Sans le secours de la France, l'Amérique trop foible pour combattre les armées et les flottes britanniques, n'eût point brisé ses fers; elle eut subi le joug du vainqueur; esclave d'un Gouvernement oppresseur et militaire, l'Américain auroit présenté le spectacle d'un Peuple avili et malheureux. Il rejettera, avec mépris et avec indignation, l'alliance d'un Gouvernement qui a été son ancien tyran, et qui profiteroit de sa foiblesse, de ses erreurs, de ses divisions pour l'attaquer, le conquérir et lui donner de nouveaux fers.

Dans la dernière guerre, le Gouvernement Anglois a dû ses succès et ses conquêtes à la perfidie, à la trahison, à son or corrupteur; ce n'est point par sa propre force, que la Grande-Bretagne subjugue l'Europe, c'est par la foiblesse des autres puissances dans les moyens de l'attaquer ou de la contenir; ses richesses, son audace, voilà ces agens séducteurs qu'il emploie pour établir sa tyrannie et ses usurpations; elle a épuisé les trésors de l'État, elle a accablé le Peuple sous le poids des impôts, pour fomenter et alimenter l'anarchie révolutionnaire, pour stipendier et multiplier dans nos ports et dans nos villes, des émissaires et des assassins ; elle a porté par-tout l'incendie et la mort. Ce n'est qu'en dévastant la France, qu'elle vouloit la démembrer; cette guerre étoit plus digne d'une puissance barbaresque et des hordes des sauvages, que d'un Peuple policé et d'un Gouvernement civilisé ; ce n'est point pour une dynastie proscrite qu'elle avoit pris les armes. Affoiblir, mutiler la France, l'écraser, la détruire par ses propres habitans, voilà son système homicide. Napoléon écouta la voix de l'humanité plaintive; la guerre, dit-il à Georges III, doit-elle être éternelle? N'y a-t-il pas moyen de parvenir à s'entendre ? Il exprimoit ensuite son desir sincère de contribuer à une pacification génerale. Qu'elle étoit touchante cette lettre ! on y voyoit de la fierté sans orgueil, de la grandeur sans obstentation, de l'humanité sans foiblesse ; le génie bienfaisant, et l'ame sensible de Napoléon, semble subjuger un moment le Gouvernement Anglais, et le ramener aux principes de justice. Un congrès fut établi à Amiens, pour fixer les bases d'un traité de paix, juste et solide. Le prince Joseph montra, dans cette négociation dificile et délicate, des connoissances profondes, et un caractère de grandeur et de loyauté, qui lui concilièrent l'estime, l'admiration et le respect. Cornwalis fit voir de grands talens, à travers ses démonstrations de justice et de bonne-foi, on crut appercevoir cette adresse et ce machiavélisme politique ordinaire aux négociateurs Anglois.

Le traité de Lunéville avoit réuni à l'Empire Français, de vastes et fertiles provinces; le traité d'Amiens rendit à la France et à ses alliés leurs Colonies envahies, et l'Angleterre promit de restituer Malte. Tandis que Napoléon profite des bienfaits de la paix, pour guérir les plaies de l'Etat, pour reprendre une Colonie occupée par des brigands et des usurpateurs; tandis qu'il s'occupe du bonheur de son Peuple, le Gouvernement Anglais refuse d'exécuter le traité d'Amiens, et de restituer Malte; sans aucune provocation, il déclare la guerre à la France, arme ses flottes et ses vaisseaux qu'il charge d'instrumens de destruction et de mort, attaque nos bâtimens, nos colonies, bombarde nos ports, distribue des poignards aux assassins, et des torches aux incendiaires, médite l'assassinat de Napoléon, envoie des émissaires dans toutes les cours de l'Europe, pour engager les puissances étrangères à s'armer contre la France.

La France prépare un armement, pour reconquérir Saint-Domingue, et délivrer cette malheureuse Colonie des fers de ses assassins et de ses usurpateurs; le ministère britannique feint de croire que ces préparatifs sont destinés contre l'Angleterre, et il arbore l'étendart de la guerre. C'est ainsi qu'en 1772, la France arma à Toulon une escadre pour arrêter l'invasion que la flotte Russe méditoit dans la Méditerranée, contre la Turquie et la Grèce; l'Angleterre s'inquiéta de cet évènement, elle ordonne impérieusement à la France de désarmer, et à la honte de sa gloire, de son indépendance, de son honneur, il fallut obéir. Napoléon, vengeur des droits des Nations et de l'humanité, dénonce au Peuple Français les attentats d'un infâme Gouvernement, qui trahit la foi des traités, et qui, pour satisfaire son ambition, veut ensanglanter la terre, et détruire l'espèce humaine; il s'arme de toute la force, de toute la puissance de la Nation, et se prépare à passer les mers pour forcer Georges à accepter l'olivier de la paix. Ce n'est point comme Pyrrhus qui, ne pouvant défendre son pays, fut attaquer celui de son ennemi; ni comme Charles XII, qui, ne pouvant résister aux forces des puissances réunies contre la Suède, fit une irruption en Norwège pour y porter le théâtre de la guerre : c'est ici le conquérant de l'Egypte et de l'Italie; c'est le pacificateur des Nations; c'est un guerrier plein de valeur et de prudence, qui veut venger l'humanité, et qui prend en main la cause de tous les Peuples; il veut briser ce sceptre maritime, qui est devenu l'effroi et le scandale de l'Europe.

Il faut détruire Carthage, disoit Caton, dans le Sénat Romain; on ne vaincra jamais les Romains que dans Rome, disoient Annibal et Mithridate. Le Maréchal de Saxe répétoit souvent, on ne vaincra jamais les Anglais que dans Londres; l'Anglais ne fut jamais plus foible que dans ses propres foyers; les Romains, les Saxons, les Danois, les Normands, ont conquis la Grande-Bretagne, et

Louis

Louis VIII a été proclamé Roi à Londres ; Ruyter fit trembler cette capitale ; une escadre Hollandaise éleva de longs amas de cendres sur les bords de la Tamise ; il est inutile de parler ici de diverses expéditions faites par les Français, pour tenter des descentes en Angleterre ; des fautes militaires, des intrigues de cour, un systéme de machiavélisme, rendirent sans effet celles qui furent tentées sous les règnes de Louis XIV et de Louis XV ; mais cette expédition dirigée par un guerrier vaillant et heureux, doit nécessairement réussir. Les soldats Français ne connoissent aucuns obstacles, ils volent au combat en bravant les dangers et la mort, et en chantant les hymnes de la victoire. L'amour de la patrie enfante des miracles ; le ciel bénira les armes d'un Peuple qui veut venger l'Europe et l'humanité des attentats d'un Gouverneur injuste et déprédateur.

Le passage de la mer pour aborder en Irlande, n'est pas plus difficile pour les armées françaises que le passage du Rhin, du Danube, du Pô et de l'Adige ; nos soldats triomphans ont passé ces fleuves dangereux et rapides à la vue des phalanges ennemies, et sous le feu d'une artillerie foudroyante ; on peut aborder sur les côtes d'Angleterre, d'Ecosse et d'Irlande ; les ports de toute la partie qui fait face aux côtes de France, sont barrés, ils sont tous propres pour y tenter une descente avec des bateaux sous l'escorte des frégates qui approcheroient beaucoup plus près de la barre que ne pourroient le faire de gros vaisseaux ; les vents d'ouest, du sud et sud-ouest peuvent apporter sur l'Angleterre les voiles de France, et un calme peut empêcher les vaisseaux britanniques de sortir de leurs ports ; on a vu quelquefois des flottes, profitant des ténèbres de la nuit ou d'une brume épaisse, passer au milieu des escadres ennemies sans être apperçues ; la flotte du prince d'Orange passa en six heures le détroit de Calais, sans que l'escadre de Jacques II, qui étoit aux dunes, en eut connoissance. L'amiral Anson, de retour de son grand voyage, apprit à Londres qu'il avoit passé au milieu d'une escadre qui croissoit devant Brest.

Envain on a cru que pour opérer une descente il falloit combattre et dissiper les flottes ennemies, il est prouvé par l'expérience que l'on peut se porter sur les côtes de la Grande-Bretagne sans tenir la mer et sans être obligé de combattre, et de mesurer nos forces maritimes. Une flotte qui marche sur un point n'a qu'une ligne à se tracer : la flotte ennemie qui vient droit l'attaquer et s'opposer à son passage, seroit obligée de croiser et de tenir la mer sur tous les points, et suivant toutes les directions. Le point choisi pour l'attaque est nécessairement un secret, et ce secret forceroit l'ennemi a disséminer ses forces pour les placer sur tous les points. On sait que les côtes d'Angleterre, d'Ecosse et d'Irlande présentent par tout des facilités pour un débarquement, de sorte que l'ennemi ne pourroit point développer ses forces sur les mêmes côtes. Après le débarquement, les armées françaises ne trouveroient aucuns obstacles; il n'y a en Angleterre aucunes places fortes en état de soutenir un long siége; la plupart de celles qui sont fortes du côté de la mer, n'opposeroient aucune résistance à ceux qui les attaqueroient par terre.

Une descente en Irlande doit nécessairement opérer une révolution. Les Irlandais sont opprimés par des lois oppressives; ils desirent depuis long-temps de se soustraire à ce despotisme humiliant sous lequel ils gémissent : l'ancien Gouvernement français n'a jamais su mettre à profit les factions intestines qui ont déchiré l'Irlande, ni seconder l'impatience et les vœux d'un peuple opprimé qui, protégé par les forces de la France, pouvoit opérer le démembrement de l'Empire britannique, en proclamant les armes à la main sa souveraineté et son indépendance; envain des sujets infortunés qui frémissoient dans cette isle, de rage et de désespoir d'être des victimes dévoués au mépris et à la tyrannie, ont tournés leurs regards vers la France depuis plus d'un siècle; envain, des hommes puissans par leurs richesses, et décorés des plus beaux noms, sont venus répandre leur sang dans ses armées, et braver, pour servir à sa défense et à sa gloire, une proscription qui entraînoit à-la-fois la perte de leurs espérances et la condamnation de leur tête: la jalousie, la crainte, des vues étroites et pusilanimes, une fausse et timide politique les a toujours repoussés de son sein. L'ancien ministère français a oublié combien il étoit important d'acquérir et de conserver des guerriers utiles et courageux, de fortifier les armées de ces Irlandais opprimés par la tyrannie civile et par l'intolérance religieuse; il a préféré a des militaires généreux des stipendiaires équivoques, qui ne peuploient nos camps et nos villes que d'âmes vénales et d'espions dangereux. Napoléon saura réparer ces erreurs et ces outrages; il présentera aux Irlandais le signe de la liberté et la palme de la paix, il tendra une main protectrice à ce malheureux peuple vassal et esclave des fiers Bretons. L'Irlande alors sera libre et l'Angleterre demandera la paix.

La bravoure de nos armées, la valeur du vainqueur des nations, la justice du Gouvernement français, la protection du ciel qui abhorre les tyrans et les oppresseurs, tout promet le succès des entreprises de Napoléon. Ce guerrier magnanime n'a d'autre desir et d'autre volonté que de rompre les anneaux de cette chaîne qui garote le commerce et l'industrie de l'Europe. Il combat pour rétablir l'équilibre maritime, il ne veut point conquérir; ses vues ne s'allientpoint avec des projets de destruction et de démembrement, il n'appelle point l'Asie et l'Afrique au maintien de l'équilibre de l'Europe, et le Nord au soutien de l'indépendance du Midi; il n'a en vue que justice et ordre; ses traités d'alliance ont un double objet, de conserver ses conquetes, d'étendre le commerce national, d'augmenter sa puissance fédérative, et de faire servir les forces des autres gouvernemens à maintenir celles de la France ; il est trop fort pour recourir à cette politique artificieuse qui interprète les conventions au gré de l'ambition et de l'intérêt ; il veut être le vengeur des droits des Nations et le pacificateur de l'Europe.

Quel contraste, entre les principes politiques de Georges et de Napoléon. Le Roi d'Angleterre veut établir sa gloire et sa puissance, sur l'usurpation et sur la ruine des autres peuples ; il viole la foi des traités, pour satisfaire sa haîne et son ambition ; il veut asservir l'Europe et détruire le commerce et les colonnies des Puissances maritimes ; il multiplie les malheurs et les crimes de la guerre ; il étend son despotisme dans les deux Indes ; il opprime, avec une verge de fer, les Nations vaincues. Ces contrées, autrefois si heureuses et si florissantes n'offrent plus que le spectacle de la désolation et de la mort ; si ce systême cruel étoit adopté par les autres Puissances, l'espèce humaine seroit bientôt détruite ; on ne verroit sur la terre, que des esclaves et des oppresseurs, des victimes et des bourreaux. L'Empereur des Français a été toujours grand et magnanime après ses conquêtes et ses triomphes. Il n'a point corrompu le fruit de ses victoires, par des actes de cruauté, sur le théâtre même de la mort, et au milieu des cris lugubres des mourans, ce guerrier sensible a fait entendre le cri de l'humanité ; il a su vaincre, et non pas asservir ; s'il est entré en triomphateur dans les villes conquises, si son front étoit couronné des lauriers de la victoire ; il portoit dans ses mains, l'olivier de la paix, et le signe de la réconciliation.

Napoléon a été généreux et clément envers les prisonniers ; il a respecté le courage et la vieillesse du feld-maréchal de Wurmser ; il sut s'arrêter au milieu de ses victoires, et donner la paix à des ennemis foibles et vaincus. Il a sauvé le chef de la religion catholique ; a donné des larmes aux malheurs de ce pontife vénérable ; a arraché Rome aux fureurs de la dévastation ; a conservé les édifices et les monumens qui décoroient la capitale de l'Italie, et a dédaigné les vains honneurs de l'entrée triomphale au Capitole. Napoléon s'est occupé du bonheur des peuples vaincus ; il a affranchi l'Italie, en la conquérant ; il l'a rendue libre et ne l'a point opprimée, il lui a donné des lois conservatrices ; il a apporté chez des Nations superstitieuses, les lumières et les arts ; il a été en Afrique, et a passé les mers pour venger un peuple malheureux qui gémit depuis long-temps dans les fers de l'esclavage. Il a voulu lui donner des lois ; le rappeller à la civilisation ; ressuciter, pour ainsi dire, le génie des anciens Egyptiens ; rallumer le flambeau des sciences ; élever des portiques et des temples, et appeler dans cette terre, autrefois si fortunée, ces Sages et ces Philosophes qui ont éclairé et consolé les siècle et les générations. Napoléon a respecté les opinions politiques, les préjugés et la croyance religieuse des Peuples ; il a employé avec art, le dogme principal de l'islamisme, qu'il a fait servir à ses vues bienfaisantes. L'Europe entière a contemplé dans le silence de l'admiration, sa gloire, sa justice et ses vertus ; la République d'Italie, l'a proclamé son chef, l'Helvétie son libérateur, l'Allemagne son bienfaiteur, et plusieurs Princes ont recherché son amitié et réclamé son alliance.

Napoléon a développé dans son systême politique et dans ses opérations diplomatiques des principes d'ordre et de justice ; il respecte les Constitutions et les Gouvernemens des Peuples ; il ne connoît point cette doctrine machiavélique qui consacre la fraude et l'usurpation ; il n'envoie point dans les Cours étrangères des agens habiles dans l'art de l'intrigue et de la séduction pour fomenter des haines, des divisions, et pour méditer des assassinats : il a sauvé l'Europe d'une dissolution sociale dont elle étoit menacée ; il a détruit ce ferment révolutionnaire qui s'élevoit déjà pour renverser les trônes des Rois. Napoléon sait que les conquêtes épuisent les Etats, qu'un jour de victoire est un jour de deuil pour l'humanité ; que la guerre est la plus grande plaie des Empires, qu'elle substitue aux sentimens doux et bienfaisans, le besoin d'opprimer et l'ardeur de détruire.

Il se prépare en Angleterre une grande révolution. La nature conduit tout ce qui existe à sa dissolution ; rien ne peut changer les destinées des Empires : ainsi que l'homme, ils passent de l'enfance à la jeunesse, de la jeunesse à l'âge mûr, de l'âge mûr à la vieillesse, de la vieillesse à la mort ; à peine sont-ils arrivés à ce point de grandeur et de prospérité qui fixent les regards et l'admiration des hommes, qu'un bras caché semble les pousser violemment vers leur décadence ; en vain luttent-ils dans le cours des âges contre la destinée qui les presse ; ils sont nécessairement forcés de devenir la proie du temps qui précipite dans les tombeaux les générations, leurs lois, leurs institutions, et ces monumens superbes qui sembloient braver les siècles et promettre l'immortalité. Telle est aujourd'hui l'Angleterre. La corruption, la soif insatiable de l'or, un système désastreux de finances, des impôts excessifs, des taxes oppressives, une multiplication effroyable du papier-monnoie, un esprit ambitieux de conquête, une politique frauduleuse, une doctrine d'usurpation et de crimes, le dernier degré de gloire et de prospérité où un état peut parvenir ; voilà ces causes sûres et inévitables qui opéreront bientôt la dissolution de cet Empire. L'ancien Gouvernement Français n'avoit point les abus et les vices du Gouvernement Anglais, et cependant une révolution terrible a renversé une monarchie qui existoit depuis dix siècles, et a détruit une dynastie puissante par ses richesses, ses armées et ses alliances. L'astronome qui connoît le cours des astres et annonce leurs différens mouvemens : le philosophe qui médite dans la retraite et le calme des passions, qui fixe ses regards attentifs sur les institutions et les mœurs actuelles d'un peuple, se trompe rarement lorsqu'il prédit ses destinées.

Pour arrêter ou suspendre cette révolution qui menace l'Angleterre, le Gouvernement Britannique doit se hâter de demander la paix ; alors il doit s'occuper à régénérer les mœurs publiques, à rétablir ses finances délabrées, à adopter un système d'ordre et d'économie, à renoncer à cette voie dangereuse des emprunts qui épuise l'Etat, et à fonder la prospérité, le bonheur et la liberté des colonies sur les véritables principes de la sagesse, et sur les maximes éternelles de la justice et de la morale. Alors on ne reprochera plus au Gouvernement Anglais d'être l'ennemi et l'oppresseur de l'Europe, et de vouloir s'emparer du commerce et des trésors de deux Mondes, de ne souffrir aucun concurrent qui partage avec lui les produits de la culture, de l'industrie locale et des échanges. Alors on ne l'accusera plus de vouloir couvrir les mers de ses flottes et de ses vaisseaux pour détruire la marine des autres puissances : il brisera lui-même ce sceptre maritime qui outrage toutes les Nations, et c'est en le brisant que le Peuple Anglais deviendra plus heureux, plus libre et plus puissant ; son commerce prendra de nouveaux accroissemens, et ses denrées entassées mises en circulation, et recevant un principe de vie, lui produiront des nouveaux trésors. La paix avec la France lui ouvrira de nouvelles sources de prospérité. Les deux Peuples unis par les liens de la concorde et de la confiance, éteindront cette haine nationale qui a ensanglanté la terre et produit tous les crimes. On verra parmi les deux Nations une noble rivalité, une industrieuse émulation pour étendre les progrès des connoissances humaines, pour arracher à la nature de nouveaux secrets, et pour la forcer à répandre de nouveaux bienfaits ; l'une fera des découvertes, et l'autre les perfectionnera. Tous ces efforts du génie, tous ces travaux de l'esprit humain tendront au bonheur de l'humanité, et à l'embellissement des sociétés politiques. La France et l'Angleterre unies par un traité solemnel de paix, d'amitié et de commerce, régleront les destinées de l'Univers, arrêteront les guerres injustes et les entreprises des puissances ambitieuses ; elles feront respecter les Constitutions, les Gouvernemens et les lois des Peuples, les droits et l'autorité des Rois, et affermiront les fondemens des Etats et la prospérité des Empires.

FIN.

www.ingramcontent.com/pod-product-compliance
Ingram Content Group UK Ltd.
Pitfield, Milton Keynes, MK11 3LW, UK
UKHW012105240726
13965UKWH00004B/1547